PAIDEIA
ÉDUCATION

MIXTE
Papier issu de sources responsables
Paper from responsible sources
FSC® C105338

ROMAIN GARY

Les Racines du ciel

Analyse littéraire

© Paideia éducation.

22 rue Gabrielle Josserand - 93500 Pantin.

ISBN 978-2-75930-330-4

Dépôt légal : Septembre 2023

Impression Books on Demand GmbH

In de Tarpen 42

22848 Norderstedt, Allemagne

SOMMAIRE

- Biographie de Romain Gary... 9

- Présentation des *Racines du ciel*............................... 15

- Résumé du roman.. 19

- Les raisons du succès... 33

- Les thèmes principaux.. 39

- Étude du mouvement littéraire................................... 45

- Dans la même collection.. 49

BIOGRAPHIE DE ROMAIN GARY

Enfant de la révolution russe, Roman Kacew naît le 21 mai 1914 et passe le début de son enfance à Wilno, future capitale de la Lituanie. Sa mère Nina ouvre une maison de couture, le temps de se rendre à Varsovie, en Pologne. Roman commence dès lors son éducation à l'école polonaise pour ensuite intégrer le lycée. Parallèlement, Nina lui enseigne l'histoire de France et le français.

Mère et enfant poursuivent leur itinéraire et s'installent dans l'hexagone en 1928, sur la côte niçoise. Nina met en vente des bijoux et finit par diriger l'hôtel-pension Mermonts, halte appréciée par Ivan Mosjoukine, père idéal pour Roman. Après s'être essayé péniblement à la peinture et à la musique, il se dédie à l'écriture avec ferveur.

Roman Kacew se rend à Aix-en-Provence puis à Paris pour des études de droit. En février 1935, la publication de sa nouvelle « L'Orage » dans la revue *Gringoire* ouvre sa carrière littéraire sous de favorables auspices et lui accorde mille francs, somme nécessaire puisqu'il enchaîne les emplois précaires afin de survivre. Le jeune homme, s'alimentant « de concombres et de pain » ne cesse toutefois pas d'écrire. Il envoie un premier manuscrit, *Le Vin des morts*, à Robert Denoël qui le refuse et transmet à Kacew trente pages de psychanalyse dévoilant les divers complexes dont il souffrirait. Un premier roman sulfureux que Roger Martin du Gard commentera : « C'est ou le livre d'un fou ou bien d'un mouton enragé. »

Romain s'engage dans l'armée en 1938 pour suivre un entraînement d'aviateur à l'école d'Avord (Cher). Naturalisé français seulement depuis 1935, et dans un contexte où la xénophobie sévit encore, il s'agit du seul à ne pas être nommé officier mais caporal-chef. Il devient instructeur de tirs aériens au sein de l'école de l'air à Salon-de-Provence puis à Bordeaux-Mérignac. En mission, l'escadre de bombardement doit se replier sur Meknès, au Maroc. Romain parvient à rejoindre Londres avec seulement deux-cents autres aviateurs s'alliant à la France libre de Charles de Gaulle.

Suite à un incident l'envoyant en Afrique, Romain regagne l'Angleterre, où il débute la rédaction de *Forest of Anger* (*Éducation européenne*) se déroulant en Pologne. Le roman signé sous le pseudonyme Romain Gary rencontre un vif succès. Après cette première réussite littéraire anglophone, l'auteur se fait attribuer la Croix de la Libération, félicité par de Gaulle.

Romain devient l'adjoint du chef d'État-major de l'Air à Londres et épouse Lesley Blanch, russophile. Il obtient l'autorisation de revoir sa mère à Nice mais découvre qu'elle est morte depuis trois ans. Elle n'aura donc jamais eu connaissance des prouesses de son fils, nommé alors premier secrétaire d'ambassade de France en Bulgarie. En 1951, Roman Kacew devient officiellement Romain Gary, et voit *Les Racines du ciel* auréolé du prix Goncourt en 1956. Il passe ensuite quelques temps à Hollywood, écrivant pour *Life Magazine*. Il devient scénariste et mène quelques reportages pour *France-Soir*. Il épouse, entre ces projecteurs et caméras, l'actrice Jean Seberg engagée auprès des Blacks Panthers. Elle lui donne un premier fils, Diego.

En 1974, Romain Gary commence à publier sous le nom d'Émile Ajar. Il demande à son petit cousin, Paul Pavlowitch qu'il soutient financièrement, d'incarner le pseudonyme devant le Mercure de France et les médias. C'est dans cette mascarade que Romain Gary reçoit son deuxième prix Goncourt pour *La Vie devant soi* en 1975, la critique ignorant la réelle identité d'Ajar. Il mène ainsi plusieurs vies littéraires de front avec humour et vivacité non sans le désir de se jouer de la haute sphère littéraire de l'époque.

Jean Seberg, profondément meurtrie par la mort de son second enfant et dont Romain Gary soupçonne le FBI d'en être la cause, est découverte inanimée en 1979. Un an plus tard, en décembre 1980, Romain Gary se donne la mort et dévoile dans une lettre sa double identité. Il écarte son geste fatal d'un quelconque rapport avec la disparition de Jean Seberg. Les cendres de Romain Gary sont ensuite dispersées en Méditerranée.

PRÉSENTATION DES RACINES DU CIEL

Le 5 octobre 1956, paraît chez Gallimard le livre *Les Racines du ciel*. Le succès est tel que la maison d'édition doit procéder à 13 tirages jusqu'en décembre 1980 : 179 583 exemplaires ont été vendus. En 1980, l'auteur insère une préface à la nouvelle édition pour la recontextualiser. Il s'agit en France du premier roman écologique.

Les Racines du ciel couvre la question du braconnage et de la dangereuse domination de l'Homme sur les espèces animales qu'il n'hésite pas à exterminer gratuitement. C'est ainsi que certains animaux sont en menace d'extinction, dont l'éléphant, défendu avec hargne par le personnage de Morel, un ancien soldat français ayant été déporté en Allemagne. La protection de la faune et de la nature dans son ensemble prend de telles proportions que d'autres protagonistes, suspectant la sincérité des humanitaires, pensent que des idéaux politiques se cachent derrière cela. L'action se déroulant en AEF (Afrique-Équatoriale-Française), *Les Racines du ciel* traitent en outre de la colonisation et de l'occidentalisation des territoires africains.

La franchise de la moindre action prend des dimensions politiques énormes, plus il y a de démentis, plus il y a de soupçons et de tensions. L'ouvrage constitue une voix pour ceux qui ne sont pas entendus : ces hauts pachydermes dont on réduit les terres petit à petit. Dans *Les Racines du ciel*, la raison se heurte à l'avilissement contre lequel l'espoir se bat.

RÉSUMÉ DU ROMAN

Première partie

Chapitre I

Le Père Tassin, vieux jésuite au port de conquérant, se fait porter par un poney bien trop petit pour lui depuis deux jours. Un boy l'accompagne, chargé des objets issus de ses fouilles et de documents. Le jésuite arrive en retard à la plaine de l'Ogo où il retrouve Saint-Denis, de petite taille, dans le camp et qui est le dernier grand gardien des troupeaux d'éléphants africains. Ils discutent pendant des heures, au-delà même de la tombée de la nuit.

Chapitre II

Saint-Denis expose rapidement comment on l'a nommé gardien des éléphants. Il évoque ensuite Morel et toutes les rumeurs qui surviendront après les événements que Saint-Denis va relater. Il résume la défense et la lutte en faveur des éléphants que menait Morel à Fort-Archambault en présentant les autres personnes impliquées : Minna, prostituée, et Habib, un libanais associé dans la contrebande d'armes à M. de Vries qui aime à chasser. Un jour Habib et de Vries disparaissent et refont surface lorsque l'importance de Morel est enfin reconnue.

Chapitre III

Minna, d'origine allemande, arrive au Tchad sur la demande d'Habib qui avait demandé à une de ses connaissances de lui envoyer une jeune femme blonde sachant chanter, tenir un bar et faire l'amour avec des hommes sur sa recommandation. Elle est alors interrogée par le commandant Schölscher pour éclaircir la disparition d'Habib et de Vries. Elle narre à Schölscher comment, ses parents tués pendant la guerre, elle et d'autres Berlinoises durent survivre en s'exhibant aux hommes et en assouvissant contre leur gré leurs besoins sexuels. Tombée amoureuse d'un officier russe, ses voisins la mirent à l'index.

Chapitre IV

Minna et l'officier russe décident de déserter en France. Elle demande de l'aide à son oncle qui cache son amant avant de le dénoncer aux autorités russes. Il disparaît et elle doit continuer ses activités jusqu'à ce qu'elle rencontre un homme lui permettant d'intégrer une boîte de strip-tease à Tunis. Désirant s'échapper de Berlin, elle accepte, et, toujours dans sa volonté de fuir plus loin, elle arrive au Tchad grâce à Habib.

Chapitre V

Sandro, patron d'une entreprise de camionnage, accepte de transporter de la marchandise pour Habib et de Vries sans en connaître les détails. L'un de ses camions explose et il est alors inquiété par Schölscher puisque les contrebandiers ont disparu. Le jésuite voulant reconsidérer l'aventure dans son entièreté à la recherche de nouveaux indices, continue d'écouter Saint-Denis.

Chapitre VI

Au bar où travaille Minna, on rit de Morel et de la pétition qu'il cherche à faire signer. On fait courir la rumeur selon laquelle il est un illuminé pacifique. Orsini dont Minna a refusé les avances, essaye de créer une controverse sur elle. Son ami, le commissaire de police Kotowski, lui annonce l'expulsion prochaine de Minna, suite aux plaintes des épouses des colons. Orsini évoque un plan pour différer l'expulsion afin d'incarcérer le réseau de la jeune femme, ayant travaillé en zone soviétique, avant d'implorer Kotowski de ne pas la faire partir.

Chapitre VII

Morel est allé, pour signer la pétition visant à protéger les éléphants, voir Orsini qui en a chassé plus de cinq cents. Alors que Morel est la risée de tous et qu'Orsini ricane, ce dernier s'aperçoit que deux personnes ont paraphé le papier : Forsythe, un Américain en exil et ancien combattant durant la guerre de Corée, et Minna.

Chapitre VIII

Morel, ancien déporté, demande à voir Habib au bar. Étant absent, Minna le suit et découvre que de Vries est blessé. Morel l'a surpris sur le point d'achever un pachyderme et a tiré sur lui. Il lui explique comment des milliers d'éléphants sont abattus gratuitement chaque année, que le déboisement pour la culture des terres les menace et qu'une conférence va avoir lieu au Congo concernant la préservation de la faune. Il lui avoue comment imaginer les éléphants libres l'a aidé lorsqu'il était prisonnier. Morel lui présente sa pétition et elle la signe.

Chapitre IX

Orsini veut contrer Morel en perpétuant ses actes criminels de chasse. Il trouve un allié, le Père Fargue. Après un dialogue houleux avec l'homme d'Église, Morel lui demande de signer sa pétition car les éléphants ne sont que les victimes innocentes des êtres humains. Le Père l'écoute un moment, interdit, incapable de dire à Morel ce qui l'empêche de signer.

Chapitre X

Minna découvre un soir Forsythe inconscient et l'emmène chez le colonel Babcock chez qui elle va dîner régulièrement. Il se réveille et invective le colonel sur ses origines anglaises en louant en partie le communisme avant de prendre congé.

Chapitre XI

Plusieurs fameux chasseurs se font blesser par balles au moment où ils allaient tirer sur leur proie. L'un d'eux, Haas, un Hollandais, refuse de donner le nom du tireur en prétendant qu'un boy a mal visé et affirme qu'il s'est lui-même mis le coup dans l'arrière-train. Il avoue à Schölscher aimer les éléphants et lui conseille d'arrêter avec Morel.

Chapitre XII

Après avoir parcouru les villages du Tchad à la recherche de Morel, Schölscher est convoqué par le gouverneur qui lui apprend qu'un journaliste états-unien du nom d'Ornando est arrivé à Fort -Lamy spécialement pour la chasse au gros gibier. L'ordre venant de Paris, tout le monde s'était démené pour l'y aider jusqu'à ce qu'il reçoive une balle en pleine poitrine. Le gouverneur lui annonce qu'il a accusé Morel sans être certain de sa culpabilité. Le secrétaire général invite le gouverneur à soutenir Morel au risque de se mettre l'opinion publique à dos.

Chapitre XIII

Le gouverneur rend visite à Ornando qui exige que Morel soit laissé tranquille, en le menaçant de mettre la presse américaine contre lui. Le journaliste lui propose un pot de vin pour qu'il accepte sa demande. Le gouverneur, outragé, ne change rien au plan : mettre la main sur Morel. L'affaire commence à s'amplifier et les journalistes accourent de partout alors même que Morel agit désormais en groupe. Ils brûlent les maisons des chasseurs et les magasins d'ivoire.

Chapitre XIV

Le colonel Babcock décrit quelques-unes de ses conversations avec Minna autour de Morel et des éléphants. Très discrète, elle en vient pourtant à pleurer et à lui exprimer son positionnement favorable vis-à-vis de l'affaire.

Chapitre XV

Saint-Denis rencontre Morel qui lui demande de la quinine et des munitions en se présentant comme un naturaliste. Ignorant l'identité de son interlocuteur, Saint-Denis lui fournit tout ce qu'il nécessite. Orsini, lui, donne à voir Morel comme un idéaliste aux journalistes pour décrédibiliser ses actions.

Chapitre XVI

Minna fait monter dans sa chambre Saint-Denis pour le remercier d'avoir porté secours à Morel. Afin de donner sa localisation à Minna, Saint-Denis envoie son boy auprès de Dwala, son père, un grand fétichiste Oulé. Le boy revient lui annoncer que Dwala l'attend.

Chapitre XVII

Alors que Waïtari ne fait plus partie des Oulé, s'étant trop occidentalisé et voulant supprimer leur tradition, Saint-Denis apprend à Dwala que Waïtari a rejoint Morel. Son boy l'emmène ensuite dans les monts Bongo où se cache Morel.

Chapitre XVIII

Ce dernier confirme l'implication de Waïtari dans ses opérations, car, si ce dernier souhaite l'indépendance de l'Afrique, il promet de mettre en application des mesures pour la protection des espèces en voie d'extinction.

Chapitre XIX

Saint-Denis découvre les adjuvants de Morel : un naturaliste danois, un ancien receveur d'autobus français et un baron. Morel espère que Saint-Denis transmettra les réelles motivations du groupe à Saint-Lamy afin qu'il y ait un réel retentissement médiatique.

Chapitre XX

Saint-Denis se rend compte que Habib fait partie du maquis et que tous ceux qui entourent Morel ne sont pas animés par la sincère protection de la faune africaine. Désireux d'apparaître comme des héros ou de connaître la rédemption suite à leur passé de crapule, ils comptent se servir de l'affaire personnellement. Au moment de partir, Saint-Denis observe les éléphants encore libres profiter de leurs terres.

Chapitre XXI

La presse française en faveur de Morel pousse à bout le gouverneur alors que les Américains croient en un stratagème français pour faire diversion avec les vrais problèmes politiques.

Chapitre XXII

Saint-Denis propose à Minna d'arranger une rencontre entre elle et Morel hors du pays Oulé, dans l'Oubangui, car le gouvernement y dirige ses troupes. Saint-Denis envoie son boy, N'Gola faire la proposition à Morel.

Chapitre XXIII

Saint-Denis, alité pour cause de paludisme, est interrogé par l'adjoint de Schölscher pour éclaircir l'affaire Morel et la disparition de Minna qui lui servirait d'informatrice, d'après Orsini.

Chapitre XXIV

Saint-Denis achète un terrain près du village de Dwala. Ce dernier lui promet qu'il le transformera en un cèdre lorsqu'il mourra.

Deuxième partie

Chapitre XXV

Habib craint que Morel ne soit pris vivant par les autorités, ce qui nuirait à son plan politique et à l'image que renvoient leurs actions, celle d'une lutte pour l'indépendance africaine. Habib veut atteindre le Soudan où auront lieu des conférences concernant la colonisation.

Chapitre XXVI

Alors que la sécheresse sévit, les médias relaient de plus en plus l'affaire. Mais Morel se heurte à l'hostilité des villages africains qui se vident à son arrivée, car ils considèrent les éléphants comme une source de protéines.

Chapitre XXVII

Minna et Forsythe, quoique ivre mort, fournissent des armes à Morel mais ils rencontrent auparavant le Père Fargue. Le missionnaire, n'ayant pas dormi depuis plusieurs nuits, délire et affirme que si son dévouement envers les nécessiteux et les malades ne suffit pas, il ira lui aussi parmi ces éléphants qui lui font signe de venir. Enfin, Minna et Forsythe trouvent Morel qui se cache chez un trafiquant.

Chapitre XXVIII

Morel, avec l'aide de Waïtari et de Habib, incendie la maison d'un chasseur. Lorsque Morel s'approche de l'homme pour lui expliquer leur geste, il reconnaît un camarade de guerre, Robert, avec qui il pensait aux éléphants pour supporter leur emprisonnement. Médias et autorités font courir la rumeur selon laquelle des colonialistes auraient tué Morel.

Chapitre XXIX

Celui-ci et ses compagnons traversent le pays Oulé pour

une mission à Sionville. Les populations sont frustrées de ne plus pouvoir chasser les éléphants qui constituent une étape cruciale dans leurs rites. Les actions de Morel sont suspectées de cacher des revendications politiques.

Chapitre XXX

La troupe de Morel rejoint trois jeunes Africains avec lesquels ils continuent leur route. Admirant Waïtari, ils sont déçus qu'il soit absent. Les conversations entre anciens et étudiants vont bon train.

Chapitre XXXI

Ils arrivent dans une propriété où un typo les attend pour taper un bref manifeste signé par Morel. Ils pénètrent ensuite dans une villa où se tient une soirée mondaine pour corriger Mme Challut qui détient le record féminin de chasse à l'éléphant. La punition est une fessée en public distribuée par le naturaliste Peer Qvist devant tous les convives. Le lendemain, le manifeste paraît dans tous les journaux.

Chapitre XXXII

Forsythe, après avoir purgé sa peine suite à l'affaire, rentre en Amérique, applaudi par ses compatriotes. Il y poursuit son combat pour la protection de la nature. Orsini part à la chasse aux éléphants pour attraper Morel, et, victime d'une hallucination, le voit et tire dans le vide jusqu'à ce qu'un troupeau l'écrase. Suite au manifeste qui exclut tout positionnement politique, les étudiants africains qui accompagnent Morel se sentent trahis, partent avec un camion et tuent Korotoro, un maquisard.

Partie III

Chapitre XXXIII

Waïtari souhaite imposer son nom à l'international et défendre l'Islam avant le droit des peuples à disposer d'eux-mêmes.

Chapitre XXXIV

Habib et Waïtari préparent un raid en territoire français au Kuru, le seul lac de la région qui n'a pas encore été desséché. Waïtari envisage l'attaque comme un tremplin publicitaire pouvant l'affranchir de sa participation aux actions de Morel.

Chapitre XXXV

Fields, journaliste américain, se rend au-dessus du Kuru pour photographier les bêtes déshydratées qui viennent y boire. L'avion qu'il loue se fend en deux et éjecte le journaliste à terre, intact. Il rencontre par hasard Forsythe qui le mène à Minna, à Peer Qvist et Morel. Fields en profite pour les photographier et les interroger pour en faire un article.

Chapitre XXXVI

Contrairement à Forsythe, Morel veut rester au Kuru malgré le danger, car le lac est un point de passage entre contrebandiers. Leur localisation a été rapportée au gouverneur qui sera bientôt remplacé par un chasseur hors-pair. Le gouverneur profite de cette notoriété pour communiquer l'information aux journalistes.

Chapitre XXXVII

Des coups de feu réveillent Fields en pleine nuit. Plus de deux cents éléphants ont été abattus sur l'ordre de Waïtari et de Habib ; Morel, ensanglanté, a été neutralisé avec ses compagnons. Waïtari explique à Fields ses ambitions politiques. Pour lui, tant que l'Afrique aura des lions et des éléphants, le continent restera un jardin occidental.

Chapitre XXXVIII

Waïtari détache Morel à condition qu'il se tienne tranquille jusqu'à ce que lui et ses hommes partent. À Moscou, l'affaire est vue comme un moyen de faire diversion et de mettre au second plan la crise économique américaine. Le monde entier suit les nouvelles de l'AEF et de Morel.

Chapitre XXXIX

Morel et les maquisards restants se dirigent vers le Tchad, accompagnés par le journaliste. Youssef, le serviteur de Morel, doit l'empêcher de se livrer aux autorités, sur ordre de Waïtari. Ce dernier, avec Habib, se fait arrêter par Schölscher peu avant d'arriver au Soudan. Une fois Morel et Youssef seuls, les autres ayant dû s'arrêter, Morel lui dit qu'il peut l'exécuter. Youssef refuse et préfère continuer encore avec lui. Saint-Denis ayant terminé sa narration, le Père Tassin – soupçonné d'avoir caché Morel – repart en admirant les arbres.

LES RAISONS
DU SUCCÈS

Les années 1950 sont riches littérairement, en 1956 non seulement sort le livre de Romain Gary *Les Racines du ciel* mais également les œuvres de Françoise Sagan, Marcel Aymé et Anouilh. Après André Gide qui a publié son journal *Voyage au Congo* en 1927 et en 1928 *Le Retour du Tchad*, Romain Gary apporte une vision également controversée sur l'Afrique-Équatoriale française. En outre, on retrouve des échos à la pensée sartrienne dans *Les Racines du ciel* ainsi qu'une possible référence à Lewis Caroll concernant la folie. Le territoire de l'A.E.F. comportait de 1910 à 1958 le Congo, l'Oubangui-Chari, le Tchad, la République centrafricaine et le Gabon. Les colons français l'administraient en grande partie, faisant de Brazzaville le lieu de résidence du gouverneur. L'A.E.F. constitue à cette époque de vastes richesses pour les colons, ainsi qu'une main-d'œuvre non négligeable en ce qu'ils profitent des autochtones.

Le braconnage est sévèrement condamné dans *Les Racines du ciel* et prône la défense de la cause animale et humaine. Gary s'enorgueillit d'avoir écrit le premier roman écologique, ce qui le met dans une position non d'avant-gardiste mais d'inaugurateur. Il renouvelle l'action et la littérature dite engagée en faveur d'une cause encore dans l'ombre visant à préserver l'équilibre environnemental dont la fin est l'épanouissement de l'ensemble des êtres vivants de toutes espèces. Il s'agit d'une cause écologique nouvelle encore décriée aujourd'hui et peu représentée alors que nombre d'espèces s'éteignent. Gary pressent le danger qu'encourt l'Homme à détruire son cadre de vie et son biotope. Le terme « écologique » date seulement de 1866. Il désigne, selon Ernst Haeckel, l'étude de la demeure en grec. Cette définition vague va se resserrer et former un mouvement pour la conservation des écosystèmes naturels mais seulement à la fin des années soixante, soit plus de dix ans après la publication des

Racines du ciel. La posture d'initiateur et de pionnier écologique laisse encore l'auteur à la lisière du monde littéraire. Cet entre-deux transparaît dans les propos de Romain Gary :

« Je suis déchiré [...] entre la joie de me voir décerner le prix Goncourt et la tristesse de constater que l'idéal de liberté et de dignité humaines que je défends dans mon livre n'a jamais été plus menacé ».

L'enthousiasme de la récompense littéraire est atteint, l'auteur semble submergé par le sentiment d'alarme inhérent à la conscience écologique, pilier de son livre. De plus, en 1951, l'Union Internationale pour la Conservation de la Nature diffuse le premier Rapport concernant l'environnement dans le monde, en essayant de de réconcilier économie et écologie. Des enjeux nouveaux que Gary s'approprie.

Ce livre au sujet plus qu'actuel pour l'époque fut ainsi nominé au Prix Goncourt. Le choix des Onze (le jury) semblait, depuis des semaines, tourné vers l'œuvre de Gary. Excepté Salacrou, Butor et Queneau, le jury vote dès le premier tour en faveur de Morel, loué notamment par Dorgelès et Mac Orlan qui exhortent tour à tour Hériat, Arnoux, Baüer, Billy, Carco et Giono à voter eux aussi pour *Les Racines du ciel*. Son succès est indéniable et les articles applaudissent le livre. C'est ainsi qu'Émile Henriot, membre illustre de l'Académie française, écrit un article paru dans le Monde le 24 octobre 1956. Il dit ceci :

« C'est d'une grandiose horreur, dans une vérité superbement imaginée ; tel spectacle ne pouvant avoir été vu, à cette échelle tout au moins ; et sous ce ciel d'oiseaux et palpitant d'ailes multicolores, à cacher le ciel véritable. Le livre est d'un puissant écrivain, et il est aussi un grand livre. L'ayant lu, je le relirai, sans souci de l'histoire contée, pour jouir librement de ses réussites et de son indéniable maîtrise. »

Des morceaux de sa critique seront introduits dans

l'édition américaine de Harper & Brothers, pour donner plus de poids au livre et légitimer sa publication en anglais en attestant de sa qualité.

Peu après, la 20th Century Fox achète les droits cinématographiques des *Racines du ciel*. Darryl Zanuck, choisit John Huston pour transposer à l'écran le roman et invite Gary à participer au scénario. L'auteur est présent sur le tournage, en Afrique, pendant que Trevor Howard, Errol Flynn, Juliette Gréco et Orson Welles prononcent les répliques.

LES THÈMES PRINCIPAUX

Les Racines du ciel est un éloge de la nature, les paysages de l'Afrique sont décrits de façon à donner un cadre idyllique au livre. Les personnages traversent des contrées belles et arides foulées par les animaux. C'est ainsi que s'ouvre l'ouvrage et qu'il se referme, telle une boucle. Le Père Tassin arrive sur son poney en admirant le paysage : « les collines avaient des pentes douces ; parfois, leurs flancs se mettaient à bouger, à vivre : les éléphants. Le ciel était, comme toujours, infranchissable » (chapitre I). Après l'affaire Morel se déroulant en partie dans la brousse, le jésuite quitte Saint-Denis et la narration s'achève sur « la silhouette d'un arbre dont son œil caressait les ramifications infinies ». La nature est décrite comme abondante avec une identité propre, elle vit et fait vivre. C'est ainsi qu'au chapitre XXVII que ciel, cette « immensité étoilée », et terre se rejoignent : « La clarté du ciel était telle que les millions de papillons blancs qui voltigeaient au-dessus de la route paraissaient une Voie lactée terrestre ». Les éléments naturels sont d'une pluralité vertigineuse et diverse, c'est ce dont rend compte le titre car il fait en outre écho aux racines humaines et intimes. Saint-Denis souhaite ainsi devenir un arbre lorsqu'il mourra.

Les protagonistes favorables à la nature et fermement décidés à agir pour la protéger prennent également des airs d'absolu. Au chapitre IV, il est ainsi question d'aller métaphoriquement « égrener dans le ciel le chapelet de l'infini » pour le Père Tassin, qui aurait celé Morel après l'affaire. Au chapitre suivant, Saint-Denis parle de « héros frappés d'éternité » qui hantent les esprits. Autant de formules imagées qui frappent et abondent, c'est précisément lorsque le ciel menace de pleuvoir que Morel est en danger : « cette pesanteur d'encre à l'horizon, qui paraissait annoncer quelque imminente et prodigieuse crevaison du ciel » (chapitre XXXIX). Les sentiments que Morel suscite chez Orsini sont eux-mêmes sujets d'une exacerbation au chapitre VII : « une indignation sans limite ». Pourtant, ce que Morel ressent est une « sympathie universelle » (chapitre XVIII), et ce sont ces grandes émotions que nourrit l'espoir qui resteront dans les mémoires, comme le précise le chapitre XXVII dans la description de la photographie que prend Fields des maquisards : « Il y avait dans cette attitude des vaincus un indéfinissable aspect d'éternité ». Non seulement l'appareil les immortalise dans une image, mais leur bravoure acharnée démontre qu'ils n'ont pas réellement perdu. Aller jusqu'au bout de leurs convictions les a rapprochés d'eux-mêmes et a renforcé leur proximité avec la nature. Si la majorité les a arrêtés, c'est pour mieux se détériorer elle-même, puisqu'en attaquant son habitat, elle se nuit. Il y a dès lors une véritable dissension entre les aspirations des protecteurs de la nature et ce qu'ils inspirent auprès de leurs opposants.

L'auteur invite néanmoins à dépasser l'aspect de la nature théorique pour du concret, les maquisards vont ainsi se battre sans relâche. Les éléphants reflètent la décadence humaine. L'abattage incessant dont ils sont victimes et qui ne cesse de croître met en évidence la vilenie et la lâcheté des bourreaux. L'auteur insiste ainsi sur le mal-être qui les pousse à agir de la sorte : « On vit alors accourir du monde entier des amateurs de beaux coups de fusil, […] un beau rassemblement d'impuissants, d'alcooliques et de femelles dont la sexualité s'éveille […] le doigt sur la détente et l'œil fixé » (chapitre XXV). Les éléments superlatifs marquent par leur cinglante ironie. La chasse devient un rendez-vous de suprêmes déséquilibrés qui ressentent le besoin pressant de se rassurer en massacrant des populations animales sans défense. Orsini représente parfaitement cela en ce qu'il prend l'affaire Morel comme un « drame intime » (chapitre XV), son orgueil ayant été atteint. Il se sent sensiblement différent des animaux et des autres hommes, et dès lors que des arguments raisonnés viennent contrer son défouloir, cela l'irrite : « Orsini ignora cette observation, exclut purement et simplement l'interrupteur du rang des mortels qui avaient droit à son attention » au chapitre VII. Et c'est précisément la démesure dont il fait preuve par la suite à poursuivre Morel, l'hybris, qui le mènera à mourir piétiné par un troupeau d'éléphants.

La politique est un thème important dans *Les Racines du ciel*. Il va de pair avec la médisance dont font l'objet ceux qui comme Morel, Minna, Forsythe ou Peer Qvist, accordent de l'importance aux sujets que délaissent les hommes de pouvoir. C'est ainsi que tout un chacun soupçonne un motif politique derrière la sincérité qu'ils prônent. L'affaire Morel incite ceux qui croient encore aux pensées humanistes à participer au combat : « Il sembla soudain que tous les humanistes déçus mais encore humanisants qui avaient le moyen de se payer un billet d'avion tentaient de se rendre en A.E.F. pour se rallier à celui qui était devenu le symbole vivant d'un espoir qui refusait de capituler » (chapitre XXVIII). Le parallèle avec les résistants de la Seconde Guerre mondiale est frappant, Morel est le chef que De Gaulle était pendant l'Occupation et l'A.E.F. remplace ici l'Angleterre où se concentraient les résistants. Cela se retrouve également lors de l'évocation rapide du traitement infligé aux chiens que l'on gaze au chapitre XXVIII pour en faire de la gélatine et du savon.

Le sujet du livre est donc plus que similaire puisqu'il s'agit en sus de la liberté des éléphants, une minorité oppressée avec ténacité : « Tous ceux qui ont vu ces bêtes magnifiques en marche à travers les derniers grands espaces libres du monde savent qu'il y a là une dimension de vie à sauver. » prononce le naturaliste Peer Qvist. Cependant, en même temps qu'il explique sa motivation à aider Morel, il pose le problème : la plupart des dirigeants sont à Paris et sont loin des réalités de l'A.E.F. Et, comme la majorité d'entre eux aiment également chasser, ils se persuadent que la bonté n'existe pas et qu'il y a forcément quelque chose derrière la gratuité du mouvement des maquisards. C'est pourquoi Waïtari se joint à eux et que sa contribution permettra d'alimenter l'aspect politique des revendications environnementales.

Le seul partisan ayant des rapports avec le pouvoir est le secrétaire du gouverneur qui fait le plaidoyer de Morel en vain au chapitre XII. Le reste des opposants, se sentant visé identitairement, préfère qualifier Morel de « toqué » au chapitre VI, de « farfelu », et enfin de « doux maniaque [...] tout à fait inoffensif ». Il paraît plus facile pour les chasseurs et les politiciens de traiter de fous ceux contre qui ils n'ont aucun argument, sachant être en porte-à-faux avec eux. Pour les décrédibiliser, l'auteur utilise le ressort comique pour trancher avec la situation de détresse. Le Père Fargue rapporte sa réponse à Morel concernant l'urgence des espèces menacées, au chapitre IX : « Il ferait beaucoup mieux de défendre un animal qui était encore plus menacé d'extinction dans le cœur des hommes, c'est à dire le Bon Dieu ! » La ponctuation exclamative rend la phrase d'autant plus risible qu'elle indique un orateur enflammé.

ÉTUDE DU MOUVEMENT LITTÉRAIRE

Romain Gary a la particularité d'être un écrivain libre de tout mouvement littéraire. Il a su créer dans son œuvre un style propre et développer telle écriture ou tel thème récurrent. Son parcours professionnel et personnel a nourri son écriture. Ses différents voyages lui ont permis de traiter d'une pluralité de sujets résolument modernes. Aviateur résistant, Romain Gary en tant qu'écrivain s'attache à parler des marginalisés. Son travail dans le journalisme et dans les ambassades lui a permis de la même façon de connaître avec précision les enjeux politiques de son époque. Il ne cesse de bouger d'un pays à l'autre, et de se documenter sur les événements qui s'y déroulent.

Particulièrement attaché à la notion de liberté et de fraternité, Romain Gary s'y réfère dans chaque livre, dont *Les Racines du ciel*, où, souvent, ce qui pousse Morel à vouloir protéger la faune africaine est son sentiment de solitude. L'auteur s'empare du matériau des hommes et femmes brisés pour en faire des figures héroïques : Morel ancien prisonnier des Allemands, Minna violée par des soldats, Forsythe qui a dévoilé aux Coréens l'arme utilisée par les Américains. On retrouve ici toute la dimension géopolitique avec les questions du nucléaire, de la détresse humaine, de la fraternité et de l'entraide. Waïtari représente ainsi le produit de l'occidentalisation et de la colonisation. Ayant mené de brillantes études en France qui l'ont conduit à être député, Waïtari souhaite une indépendance africaine. Il recourt aux trafiquants d'armes, en coopérant avec Habib, et son comportement est à ce point éloigné des enjeux africains qu'il se fait exclure des Oulés par Dwala.

L'une des caractéristiques du style garyen est son humour mordant survenant en pleine narration. Il y a deux niveaux de narration, le narrateur omniscient et puis la voix narrative de Saint-Denis. Le jésuite symbolise par moments la figure du lecteur en ce qu'il ne répond pas, reste impassible ou, au mieux, émet de petits sons en respirant. Cela mène à une narration à tiroirs parfois par des digressions qui forment une autre porte d'entrée sur l'histoire principale.

DANS LA MÊME COLLECTION
(par ordre alphabétique)

- **Anonyme**, *La Farce de Maître Pathelin*
- **Anouilh**, *Antigone*
- **Aragon**, *Aurélien*
- **Aragon**, *Le Paysan de Paris*
- **Austen**, *Raison et Sentiments*
- **Balzac**, *Illusions perdues*
- **Balzac**, *La Femme de trente ans*
- **Balzac**, *Le Colonel Chabert*
- **Balzac**, *Le Lys dans la vallée*
- **Balzac**, *Le Père Goriot*
- **Barbey d'Aurevilly**, *L'Ensorcelée*
- **Barbey d'Aurevilly**, *Les Diaboliques*
- **Bataille**, *Ma mère*
- **Baudelaire**, *Les Fleurs du Mal*
- **Baudelaire**, *Petits poèmes en prose*
- **Beaumarchais**, *Le Barbier de Séville*
- **Beaumarchais**, *Le Mariage de Figaro*
- **Beauvoir**, *Mémoires d'une jeune fille rangée*
- **Beckett**, *Fin de partie*
- **Brecht**, *La Noce*
- **Brecht**, *La Résistible ascension d'Arturo Ui*
- **Brecht**, *Mère Courage et ses enfants*
- **Breton**, *Nadja*
- **Brontë**, *Jane Eyre*
- **Camus**, *L'Étranger*
- **Carroll**, *Alice au pays des merveilles*
- **Céline**, *Mort à crédit*
- **Céline**, *Voyage au bout de la nuit*

- **Chateaubriand**, *Atala*
- **Chateaubriand**, *René*
- **Chrétien de Troyes**, *Perceval*
- **Cocteau**, *Les Enfants terribles*
- **Colette**, *Le Blé en herbe*
- **Corneille**, *Le Cid*
- **Crébillon fils**, *Les Égarements du cœur et de l'esprit*
- **Defoe**, *Robinson Crusoé*
- **Dickens**, *Oliver Twist*
- **Du Bellay**, *Les Regrets*
- **Dumas**, *Henri III et sa cour*
- **Duras**, *L'Amant*
- **Duras**, *La Pluie d'été*
- **Duras**, *Un barrage contre le Pacifique*
- **Flaubert**, *Bouvard et Pécuchet*
- **Flaubert**, *L'Éducation sentimentale*
- **Flaubert**, *Madame Bovary*
- **Flaubert**, *Salammbô*
- **Gary**, *La Vie devant soi*
- **Giraudoux**, *Électre*
- **Giraudoux**, *La Guerre de Troie n'aura pas lieu*
- **Gogol**, *Le Mariage*
- **Homère**, *L'Odyssée*
- **Hugo**, *Hernani*
- **Hugo**, *Les Misérables*
- **Hugo**, *Notre-Dame de Paris*
- **Huxley**, *Le Meilleur des mondes*
- **Jaccottet**, *À la lumière d'hiver*
- **James**, *Une vie à Londres*
- **Jarry**, *Ubu roi*
- **Kafka**, *La Métamorphose*
- **Kerouac**, *Sur la route*
- **Kessel**, *Le Lion*

- **La Fayette**, *La Princesse de Clèves*
- **Le Clézio**, *Mondo et autres histoires*
- **Levi**, *Si c'est un homme*
- **London**, *Croc-Blanc*
- **London**, *L'Appel de la forêt*
- **Maupassant**, *Boule de suif*
- **Maupassant**, *Le Horla*
- **Maupassant**, *Une vie*
- **Molière**, *Amphitryon*
- **Molière**, *Dom Juan*
- **Molière**, *L'Avare*
- **Molière**, *Le Malade imaginaire*
- **Molière**, *Le Tartuffe*
- **Molière**, *Les Fourberies de Scapin*
- **Musset**, *Les Caprices de Marianne*
- **Musset**, *Lorenzaccio*
- **Musset**, *On ne badine pas avec l'amour*
- **Perec**, *La Disparition*
- **Perec**, *Les Choses*
- **Perrault**, *Contes*
- **Prévert**, *Paroles*
- **Prévost**, *Manon Lescaut*
- **Proust**, *À l'ombre des jeunes filles en fleurs*
- **Proust**, *Albertine disparue*
- **Proust**, *Du côté de chez Swann*
- **Proust**, *Le Côté de Guermantes*
- **Proust**, *Le Temps retrouvé*
- **Proust**, *Sodome et Gomorrhe*
- **Proust**, *Un amour de Swann*
- **Queneau**, *Exercices de style*
- **Quignard**, *Tous les matins du monde*
- **Rabelais**, *Gargantua*
- **Rabelais**, *Pantagruel*

- **Racine**, *Andromaque*
- **Racine**, *Bérénice*
- **Racine**, *Britannicus*
- **Racine**, *Phèdre*
- **Renard**, *Poil de carotte*
- **Rimbaud**, *Une saison en enfer*
- **Sagan**, *Bonjour tristesse*
- **Saint-Exupéry**, *Le Petit Prince*
- **Sarraute**, *Enfance*
- **Sarraute**, *Tropismes*
- **Sartre**, *Huis clos*
- **Sartre**, *La Nausée*
- **Senghor**, *La Belle histoire de Leuk-le-lièvre*
- **Shakespeare**, *Roméo et Juliette*
- **Steinbeck**, *Les Raisins de la colère*
- **Stendhal**, *La Chartreuse de Parme*
- **Stendhal**, *Le Rouge et le Noir*
- **Verlaine**, *Romances sans paroles*
- **Verne**, *Une ville flottante*
- **Verne**, *Voyage au centre de la Terre*
- **Vian**, *L'Arrache-cœur*
- **Vian**, *L'Écume des jours*
- **Voltaire**, *Candide*
- **Voltaire**, *Micromégas*
- **Zola**, *Au Bonheur des Dames*
- **Zola**, *Germinal*
- **Zola**, *L'Argent*
- **Zola**, *L'Assommoir*
- **Zola**, *La Bête humaine*
- **Zola**, *Nana*
- **Zola**, *Pot-Bouille*